Een vlinder van God

Ken Bemschop.
met een hartelijke
groet.

1e druk april 1973
2e-11e druk 1973
12e-17e druk 1974
18e-22e druk 1975
23e-26e druk 1976
27e-29e druk 1977
30e-33e druk 1978
34e-36e druk 1979
37e-39e druk 1980
40e druk maart 1981

Nel Benschop

Een vlinder van God

40e druk (166e - 170e duizendtal)

Uitgeversmaatschappij J. H. Kok - Kampen

Omslagontwerp: Nelly Witte-Brooymans
ISBN 90 242 5023 4

Vlinders van God

Mijn woorden zullen nooit op vleugels drijven
waarmee een adelaar opstijgt, hoog boven 't land;
Ze zullen wel veel dichter bij de aarde blijven,
wat fladderen misschien, vlak bij uw hand;
als ze dan maar wat troost, wat sterkte geven,
zodat u weer de kleine vreugde ziet
die God verborgen heeft in ieder leven,
al zien we dat, door eigen schuld, vaak niet.
Al denkt u: Zonder vreugde is mijn lot –
ze zijn er toch: de vlindertjes van God.

Zó hoop ik, dat mijn woorden zullen wezen:
met iets van blijdschap, iets van licht erin,
zodat ze duidelijk voor ieder zijn te lezen,
en ieder weten zal: mijn leven heeft een zin.
Wat er dan in de toekomst mag gebeuren,
al wordt het avond, al verdwijnt het licht,
bedenk, dat in het donker bloemen sterker geuren,
Gods vlinder vouwt zijn vleugels even dicht.
Maar 't wordt weer morgen: God heeft het beloofd!
En kijk: Zijn vlinders fladderen vlak om uw hoofd!

[I]

In leven . . .

Mijn leven heeft een doel

Een regel is in mijn gedachten blijven haken,
Een regel uit: ,,Ein Deutsches Requiem".
Ik luisterde maar half, want ik zat werk te maken,
en toen zong daar een diepe mannenstem:
(een klagend koor herhaalde zacht dezelfde woorden)
,,Mein Gott, und dass mein Leben ein Ziel hat".
Een doel – hoe kwam het, dat ik juist die woorden hoorde?
Want dàt was het, wat ik zo vaak vergat,
omdat ik opgesloten was binnen de muren
van mijn verdriet en van mijn eenzaamheid;
Ik zag het dóél niet meer, omdat ik slechts bleef turen
naar dat, wat mij van God en mensen scheidt.
Nu weet ik het wel weer; het komt ook door dat zingen:
Mijn leven hééft een doel, daar God het richt.
– Wat vreemd, dat God je soms door zulke kleine dingen
terug kan voeren in Zijn blijde licht. –

Ontmoeting

Er is een vreugde, die te groot voor woorden
een uitweg vindt in woordenloos gebed;
een stroom van dank, die buiten alle boorden
mijn levensakker onder water zet.
Er is een rust, die niemand kan verstoren,
en een geloof dat mij geen mens ontneemt,
de zekerheid, dat ik bij U mag horen,
dat niets ter wereld mij van U vervreemdt.
Er is een haven, waar ik in kan landen,
een schuilplaats, waar ik voor de stormen vlucht,
een havenlicht, dat altijd hel blijft branden,
een ster, die schittert aan een zwarte lucht.
Want Gij staat op elk kruispunt van mijn leven,
Gij kent mijn zorgen, vóór ik ze U zeg;
Ik weet mij door Uw engelen omgeven,
en kom U tegen, Heer, op elke weg.

Wintermorgen in het bos

Aan alle takken zag ik regendruppels beven:
net kerstboomballen, maar dan in het klein.
Ik zag de lichtjes dansend daarin leven,
en wist niet, dat het bos zó mooi zou zijn.

Soms viel een druppel stil in een plas water;
dat gaf een zacht en muzikaal geluid;
ik dacht aan vroeger en ik dacht aan later...
Ik sloeg mijn droomboek dicht, maar 't was niet uit.

Ik dacht: nu mogen er geen mensen komen;
dit is zo goed, ik ben hier heel alleen,
ik zie niets anders dan de zwarte bomen
en allerhande vogels om mij heen.

En stil ben ik het bos weer uitgelopen.
Wat was het mooi, al leek het dor en kaal:
De deuren naar de lente stonden open,
en God reed binnen op een zonnestraal!

Gebed in de lente

Ik dank U voor de lichte zonnestralen
en voor de merel, zingend voor mijn raam,
en voor de rust die 'k in mijn hart voel dalen
omdat ik U mag noemen bij Uw naam,
en dat het lente wordt, en Gij de aarde
wilt strelen met Uw sterke Scheppershand;
omdat ik weet: mijn levenstuin heeft waarde:
U heeft er Zelf Uw bloemen in geplant!
Geef, dat de bloesemknoppen niet bevriezen,
maar openbloeien in Uw lentezon,
en laat mij niet de stille vreugd verliezen
dat ik, ook ík, nog voor U bloeien kon!

Bezoek aan de Cisterciënzer Abdij in Berkel-Enschot

[I]

LAUDEN *('s morgens 6.30 uur)*

De kerk was donker op dit stille uur.
Waarom was ik hier eigenlijk gekomen?
Verwachtte ik, dat hier Gods Geest zou stromen
en dat ik hier iets zien zou van Zijn vuur?

Een bruine pater met een lange baard
lag, diep geknield, een psalmenboek te lezen.
,,Dat moet wel heel slecht voor z'n ogen wezen"
bedacht ik, daar ik nuchter ben van aard.

Maar toen de witte zusters binnen kwamen
(altijd de handen onder het habijt)
toen had ik van mijn nuchterheid weer spijt:
Hun zang kreeg vleugels en vloog door de ramen

vloog door de ramen boven 't altaar heen
recht naar omhoog, op vleugels van aanbidden.
Ik was alleen, al stond ik in hun midden:
Want 'k moest volstaan met luisteren alleen.

[II]

VESPERS *(5 uur 's middags)*

Hun hoofden bogen en met sierlijke gebaren
wendden zij daarna zich naar 't altaar toe;
de blik naar binnen, of dit stille staren
het antwoord zag op het ,,waarom?" en ,,hoe?"
Zo argeloos en zuiver klonk hun zingen
alsof een vogel floot in hoge boom.
En weggevallen waren alle dingen
die lelijk en luidruchtig zijn van toon.
Zouden zij altijd God zó kunnen loven?
En zit hun keel nooit eens van tranen dicht?
Stijgt hun gebed altijd tot U naar boven?
Of doen ze het – als ik zo vaak – uit plicht?

[III]
BEZOEKDAG VOOR DE ZUSTER

Ze ziet haar ouders en haar broertjes even.
Zo'n dag gaat veel te vlug voorbij.
Ze wou hun wel iets van haar vrede geven,
maar vraagt zich af: ,,Hoeveel begrijpen zij?"
Zouden zij weten, hoe dit stille leven
vol vreugde is, al stond ze alles af?
Hoe haar bestaan zó is met God verweven
dat ze veel meer ontving, dan ze Hem gaf?
Als ze hen wuivende heeft zien vertrekken
gaat ze naar binnen en kijkt niet meer om.
,,Heer, wil ons allen met Uw vleugels dekken"
zingt zij bij 't Angelus. Dan is de dag weer om.

[IV]

COMPLETEN *(7.30 uur 's avonds)*

De kerk is donker; er brandt weinig licht.
Dat legt een geheimzinnig waas over de dingen.
Nog witter lijkt 't habijt der kloosterlingen,
nog vager, haast onwezenlijk, is hun gezicht.

Dan trekt een zuster aan het klokketouw,
en alle andren zeggen biddend: ,,Amen".
Zo waren zij vandaag voor 't laatst nog samen
en zongen van Gods liefde en Gods trouw.

Dan worden alle lichten uitgedaan.
Ieder gaat weg, zonder gerucht te maken.
Nog even, dan zal heel het klooster slapen;
Een dag van stilte is voorbijgegaan. –

Dag en nacht

Toen God de wereld schiep was het een grote dag,
een dag van licht en van Gods grote woorden,
en ook de nacht was licht, vol van Gods lach,
er was geen valse toon in Gods akkoorden.

Maar toen de mens de zonde had geproefd,
toen viel de nacht en alles was ontluisterd;
Gods lach verdween, want Hij was zeer bedroefd,
en waar God schreit, daar wordt het licht verduisterd.

Toen Jezus werd geboren in de wereldnacht
heeft God geglimlacht om dit nieuwe leven,
en in het donker scheen een ster van grote kracht:
het Licht der wereld had de nacht verdreven.

Maar toen de vorst der duisternis de macht
om Christus te doen lijden, was geschonken,
toen werd de dag van Golgotha tot zwarte nacht,
nooit was Gods zon zó diep onder de kim gezonken.

Maar stralend rees de morgen van de derde dag;
de Heer stond op, en met Hem kwam het leven
dat ieder die in Hem gelooft, ontvangen mag.
Nu zijn Gods kinderen door licht omgeven.

En ook al zien we soms dat licht niet meer:
de dag breekt aan; wij hebben niets te vrezen;
de Morgenster gaat op, de Heer komt weer!
En als Hij komt, zal er geen nacht meer wezen...

Schepping – herschepping

De aarde was nog leeg en woest
en toen schiep God het licht
dat het heelal verlichten moest
God zag – en goed was 't licht.

Maar toen Gods Zoon zijn leven gaf
werd de aarde koud en zwart,
God nam het licht weer van ons af
want donker bleef ons hart.

Toen, op de tweede scheppingsdag
spreidde Hij de hemel uit,
en als God naar beneden zag
keek Hij als door een ruit.

Maar op die dag, op Golgotha
besloeg Gods vensterruit.
En God sprak tot Zijn engelen: ,,Ga
en voer Mijn vonnis uit."

De derde dag schiep God de zee,
en 't jonge groen ontsproot,
en goed was alles wat God deed,
en nergens was de dood.

Maar al de golven van de zee
van Gods verlatenheid
die sloegen over Christus heen;
de Dood beslechtte 't pleit.

God stak de vierde scheppingsdag
de hemellichten aan
en sprak: ,,Al wat Ik schiep dat mag
in 't licht der lichten staan."

> Maar 't Licht der Lichten werd gedoofd.
> De vorst der duisternis
> zette een prijs op Christus' hoofd.
> God, hoe dàt mooglijk is!

De vogels en de vissen schiep
God op de vijfde dag;
en Hij was blij, toen Hij hen riep,
want goed was, wat Hij zag.

> Maar Christus, adelaar en vis,
> gevangen en bevrijd,
> Die stierf en die onsterflijk is,
> werd dóór de dood geleid.

Toen zette God de kroon op 't werk,
en alles was zeer schoon;
Hij schiep de dieren, trots en sterk,
de mens, een godenzoon.

> Maar 't goede bleef niet lang bestaan,
> en 't schone werd verspeeld –
> Als dieren vielen ze op Hem aan:
> de mensen naar Gods beeld. –

De schepping treurde bij 't gezicht
van 't lijden van de Heer.
Die dag verborg de zon haar licht,
en d'aarde beefde zeer.

Toen God het al geschapen had
heeft Hij een dag gerust;
Hij gaf ons d'aarde als een schat.
Wij hebben 't al verprutst.

Maar Christus heeft ons door Zijn dood
een eeuw'ge rust bereid;
en wie gelooft, ziet 't morgenrood
aan de einder van de tijd.

Meer dan een moeder troost . . .

Stil maar, Mijn kind – Ik weet van je verdriet.
Huil nu maar uit; je hoeft niet flink te wezen.
Het zal wel duren, voor je wonden zijn genezen;
Ik weet het. Droeg Ik al de smart der wereld niet?

Stil maar, Mijn kind – Ik weet wat je behoeft:
Woorden van troost, die om geen uitleg vragen,
een arm die steunt en die je last helpt dragen,
een hart dat mee-schreit om wat jou bedroeft.

Stil maar, Mijn kind – de nacht gaat weer voorbij;
Ik strooi het licht uit, waar je voeten lopen,
Ik doe de dichte deur weer voor je open,
Ik ben er altijd. Maar vertrouw op Mij.

Stil maar, Mijn kind – Ik geef je troost en moed,
meer dan een moeder aan haar kind kan geven.
Je naam staat in Mijn handpalmen geschreven:
Ik schreef de letters met Mijn eigen bloed . . .

Meer dan een moeder troost...

Stil maar, Mijn kind – Ik weet van je verdriet.
Huil nu maar uit; je hoeft niet flink te wezen.
Het zal wel duren, voor je wonden zijn genezen;
Ik weet het. Droeg Ik al de smart der wereld niet?

Stil maar, Mijn kind – Ik weet wat je behoeft:
Woorden van troost, die om geen uitleg vragen,
een arm die steunt en die je last helpt dragen,
een hart dat mee-schreit om wat jou bedroeft.

Stil maar, Mijn kind – de nacht gaat weer voorbij;
Ik strooi het licht uit, waar je voeten lopen,
Ik doe de dichte deur weer voor je open,
Ik ben er altijd. Maar vertrouw op Mij.

Stil maar, Mijn kind – Ik geef je troost en moed,
meer dan een moeder aan haar kind kan geven.
Je naam staat in Mijn handpalmen geschreven:
Ik schreef de letters met Mijn eigen bloed...

Onze tijd

Nee, 't is niet allemaal ellende
en dreiging, angst en lelijkheid,
onheil, dat niet is af te wenden,
het is geen uitzichtloze tijd.
Er zijn nog zoveel goede dingen:
er staan nog sterren aan de lucht,
er zijn nog bronnen, die ontspringen
uit donkre diepten, en de zucht
van lentewinden in de bomen,
de regendroppels op dor land,
het zonlicht, uitgestort in stromen,
een liefdeskus, een vriendenhand.
Ons leven is niet enkel vragen
terwijl er nooit een antwoord komt,
het is niet enkel lasten dragen
waaronder onze rug zich kromt.
Er zijn nog wòndren te beleven!
't Is niet alleen ons koel verstand
dat ons de richting aan moet geven:
het is Gods stem, het is Gods hand.
Wij hoeven niet in 't donker verder,
in twijfel en onzekerheid:
want vóór ons gaat de goede Herder,
van wie ons zelfs de dood niet scheidt!

Naar Psalm 23

Waar zijn nu, Heer, die stille wateren
waarheen U mij zacht leiden zal?
'k Zie mijn geluk steeds meer verwateren –
Waar is Uw stille, groene dal?
Waar is de beker, die U vol zou schenken?
Uw hitte heeft mijn dorst slechts opgewekt.
Waar zijn de bronnen, waar U mij zou drenken?
Waar is de tafel, die U voor mij dekt?
Waar is Uw stok, waarmee U mij zou vóórgaan?
En waar Uw staf, waarop ik leunen kan?
Als ik het dal der duisternis moet doorgaan
zonder Uw hulp, mijn God, waar blijf ik dan?
Hoe vind ik ooit de grazig groene weiden
waar levend water uit de bronnen welt?
Wie daaruit drinkt hoeft nooit meer dorst te lijden –
Maar 'k ben verdwaald, en word door dorst gekweld.

Mijn schuld

Ik heb U achtervolgd met mijn: ,,waarom?"
Ik vroeg verbitterd, wat ik had aan mijn geloof.
Ik bad wel met mijn mond; mijn hart bleef stom,
het was, alsof God mijn gebed terzijde schoof.
Wat hàd ik aan een Vader, Die Zijn kind
onthield, wat Hij in overvloed aan vreemden geeft?
Wat hàd ik aan Zijn woord: ,,Wie zoekt, die vindt",
terwijl Hij mij mijn liefst bezit ontnomen heeft?
O God, ik heb zo vaak tot U geklaagd,
zo zelden heb 'k gedankt, zo zelden was ik blij,
en bijna nooit heb ik mij afgevraagd
of Gij, o Heer, wel ooit iets hebt gehad aan mij...

Zo zijn wij . . .

Wanneer ik bid: ,,O Heer, toon mij Uw weg",
dan tracht ik voor mijzelf al uit te maken:
wanneer ik dít nu doe en dàt nu zeg
zal ik wel uit de moeilijkheden raken.
Ik wil mij onderwerpen aan Uw plan,
als ìk ook maar een woordje mee mag spreken;
Ik weet wel, dat ik uit mijzelf niets kan,
maar ieder mens heeft immers zijn gebreken?
O ja, 'k geloof het vast: ik ben Uw kind.
Waarom ook niet: ik deed geen grote zonden –
Toch weet ik, dat wie niet zijn broeder mint
een van de beulen is die U verwondden.
En ìk heb nog kritiek op Uw beleid,
ik vind nog, dat U mij teveel laat dragen.
– O God, wat zult U in Uw eeuwigheid
toch droevig zijn om mijn opstandig klagen . . .

Pinksteren

O God, wie bent U?
Ik vecht tegen U
en ik roep om U;
Ik hecht mij aan U,
soms vervloek ik U;
Ik wil U verstaan,
Gij verbergt U voor mij –
'k Wil achter U gaan,
alles vergt U van mij;
Ik hunker naar licht,
maar het duister omringt U;
Gij treedt in 't gericht,
maar mijn vrijspraak bedingt U.
Soms klaag ik U aan,
soms aarzelend, kniel ik;
'k Wil mijn eigen weg gaan,
maar honderd keer viel ik.
Ik bid om Uw Geest,
maar vrees voor Uw winden;
En elk Pinksterfeest
zal leger mij vinden
tenzij God, tenzij
Uw vuur mij wil warmen,
Uw liefde ook mij
omringt vol erbarmen.

Capitulatie

Mijn God, ik vecht nu al zo lang,
en strijdend wend ik mijn gezicht
af van Uw troostend, stralend licht,
Uw hand, die wenkt – want ik ben bang.

'k Heb in die strijd mijn kracht verspeeld;
Gij hebt mij vrede en rust beloofd,
maar liefde heeft mijn rust geroofd,
de wond is diep – geen, die haar heelt.

Uw bijzijn geeft geen troost, geen moed,
Uw liefde brandt en slaat mij neer,
en hulpeloos bied ik nog verweer,
maar voel, dat ik verliezen moet.

Ik heb allang geen krachten meer,
zo lang heb ik gestreden, God.
Maar woord'loos biddend, vecht ik tot
Gij zegt: ,,Leg nu je wapens neer!"

(Vrij naar een gedicht van Rie Duggan:
,,Long have I fought against Thee, God")

Voor overal waar oorlog is

Als 'k denk aan al dat leed, dan knijpt mijn hart zich samen,
dan springt een machteloos verdriet mij naar de keel;
En na mijn woordloos bidden, mijn gestameld: ,,amen",
weet 'k van dat grote leed oneindig klein mijn deel.

Mijn deel in deze smart is: werken, bidden, hopen;
het deel van anderen is angst en dood en vlucht en vuur.
Er blijven mij, Goddank, nog vele wegen open,
maar zij zijn ingesloten door een helse muur.

Laat onze handen hun vermoeide armen schragen
die biddend naar Uw hemel opgeheven zijn;
en is hun vuist gebald in fel opstandig klagen,
God, sta hen bij! Zij lijden helse pijn!

Wil door een dichte muur van engelen hen beschermen,
Wees Gij hun vaste burcht, zoals Gij hebt beloofd,
En laat ons smeken zich vermengen met hun kermen. –
Zo ik niet had geloofd, o God, niet had geloofd...

Want een Kind is ons geboren

Jesaja 9 : 1, 4 en 5

Ik kan dit jaar geen Kerstfeest vieren:
het is zo donker in de landen;
de mens is wreder dan de dieren,
en bloed kleeft er aan vele handen.
Wie is er die ons troost kan geven?
Spreek, Heer, en wil de hemelen scheuren!
,,Wat eens Jesaja heeft geschreven
zal u vertroosten in uw treuren";
... want duisternis zal d'aard bedekken
en donkerheid het volk benauwen,
maar dan zal God Zijn handen strekken
naar allen, die op Hem vertrouwen.
Hij zal een hemels licht doen stralen,
hun harten met Zijn vreugd doordrenken,
Hij zal hen uit het diensthuis halen,
hun eeuwige bevrijding schenken.
De schoenen, die zo dreunend stampten
en de met bloed besmeurde kleren
der vijanden, die 't volk bekampten,
God zelf zal ze door vuur verteren!
Want zie: een Kind is ons geboren,
God heeft Zijn Zoon aan ons gegeven;
Hij is, voor wie naar Hem wil horen
de Weg, de Waarheid en het Leven!

Adventgebed

Voor hen, die gezeten zijn in de schaduw van de dood. (Lucas 1 : 79)

Gezeten in de duisternis,
omringd door schaduw van de dood,
dat zíjn wij toch, o Heer, dat is
juist onze dagelijkse nood.
Beroofd van elke zekerheid,
voor 't dreigende gevaar beducht
van gif, dat langzaam zich verspreidt
door 't water heen en door de lucht;
bevreesd voor onze medemens,
voor 't eigen hart vol donkerheid,
wanhopig stuitend op de grens
die volken van elkander scheidt. –
Kom als een vuur, dat ons verzengt,
kom als een zon in onze nacht,
kom als de Vorst Die vrede brengt,
kom Jezus, tot Uw volk dat wacht!

Advent

De morgen is gekomen, maar nóg Heer, is het nacht.
De ster heeft wel geschenen, maar U heeft men veracht.
De engelen, zij zongen, maar wie hoort nú hun lied?
De herders knielden neder, maar wij, Heer, doen dat niet.

Wij trekken door woestijnen, maar òns geleidt geen ster.
Omdat wij U niet zoeken, blijft ook Uw licht ons ver.
Maar zijt Gij niet gekomen voor 't volk, dat U niet zocht?
En hen, die U niet kenden, die hebt Gij vrijgekocht.

't Is weer Advent en stralend ontsteekt Ge Uw grote licht.
Wij staan met blinde ogen – Heer, open ons gezicht!
En open onze oren, opdat Uw vredegroet
onze, nú stomme monden, voor eeuwig dànken doet!

Modern Kerstfeest

Vanuit de diepte van mijn welvaartsstaat
roep ik tot U, tot Gij U vinden laat.

Want ik heb alles wat mijn hart begeert,
alleen 't geloven heb ik afgeleerd.

De woorden van het oude kerstverhaal
spreken voor ons een onverstaanbre taal.

Want wie gelooft er in een englenlied
als hij het duivelse op aarde ziet?

Wie laat er nu nog alles in de steek
alleen omdat hij naar de hemel keek?

Wij geven U geen myrrhe of wierook meer,
en 't goud kunnen wij zelf gebruiken, Heer.

Wanneer men nu de kinderen vermoordt
wordt er nog nauwelijks protest gehoord.

De herders vonden 't Kind en spraken over Hem;
Wij zwijgen nog na twintig eeuwen Bethlehem.

Wat moet het toch verdrietig voor U zijn
dat wij zo groot doen – want U werd zo klein.

Wij zijn de kinderen van een harde, koude tijd,
maar laat ons zien, dat Gij toch onze Vader zijt.

Dat Gij ons zoekt in onze duisternis
omdat Uw liefde onveranderd is.

De jongeren en het Kerstfeest

Ze voelen wel, dat het toch zó niet moet:
niet enkel met die uiterlijke dingen,
ja, wèl een kerstboom en vooral het zingen,
maar wat daarbij komt doen ze met bezwaard gemoed.

Ze hunkeren wel naar gezelligheid,
en naar de warme sfeer van welbehagen,
maar kunnen zich soms plotseling afvragen:
Is zó het feest geen vloek in deze tijd?

Ze zien heel scherp door alle kaarslicht heen,
ze willen Bethlehem ook niet verwarren
met iets, dat tot historie moest verstarren
omdat de Christus uit het feest verdween.

God heeft hun vragend zoeken wel verstaan:
Toen engelen de komst van Jezus meldden
en herders naar de stal van Bethlem snelden
zijn er ook jònge herders meegegaan...

Wij en God

Kerstfeest

Wat hebben wij ervan gemaakt?
Een feest van witte kaarsen, dennebomen,
verloren zonen, die juist dié dag komen
naar huis – want Kerstfeest heeft hun hart geraakt.

Wat hebben wij ervan gemaakt?
Een feest van lekker eten, van geschenken,
waarop we en passant Uw komst gedenken.
Maar onze eerste liefde werd verzaakt. –

Wat hebben wij ervan gemaakt?
Een feest van tere liedjes en gebeden,
van medemenslijkheid, van vrede
die komt, wanneer de oorlog wordt gestaakt.

Maar hoe hebt U het feest gewild?
Een feest van boete, van vergeven,
van liefde, zonder vrees en beven,
van 't vallend kind, door U omhoog getild.

God met ons

De hemel raakt de aarde aan,
een stralend licht is opgegaan;
Gods Zoon is tot ons ingegaan:
Immanuël is: God met ons.

God buigt zich tot de aarde neer,
geneest in Christus 't oude zeer,
geeft ons verloren vrede weer:
Immanuël is: God met ons.

In 't donker heeft een licht gestraald,
de engelen zijn neergedaald
en hebben ons Gods Woord vertaald:
Immanuël is: God met ons.

Een stal is maar een schamel oord,
maar niet te schamel voor het Woord;
God prijst hèm zalig, die het hoort:
Immanuël is: God met ons.

Geloven is geen ijdle waan;
de Wijzen zijn ons voorgegaan
om 't ongehoorde te verstaan:
Immanuël is: God met ons.

En als dan God met ons wil zijn,
kan geen bezorgdheid, leed of pijn,
geen duivel zelfs tégen ons zijn:
God is met ons: Immanuël!

Pinksteren

De wereld krijgt een andre kleur:
de kleur van zonlicht en van vuur,
God opent wijd de hemeldeur
en laat Zijn duif los in dit uur.

De duif des Geestes vliegt omlaag,
de vrede is in ons bereik;
God geeft het antwoord op de vraag:
,,Heer, komt in deze tijd Uw rijk?"

Uw vuur zet onze tong in vlam
en iedereen kan ons verstaan.
De Geest die uit de hemel kwam
is tot ons, mensen, ingegaan.

Dan vliegt de duif weer naar omhoog,
legt het olijfblad aan Gods voet;
Gods stormwind maakt de wateren droog,
God redt de wereld van de vloed!

Belijdenis

Durf je in deze tijd nog „ja" te zeggen?
Durf je belijden dat je bij God hoort?
Durf je nog de belofte af te leggen
dat je Hem zult vertrouwen op Zijn Woord?

Kun je 't verdragen, als de mensen spotten
omdat de bijbel toch al lang is achterhaald?
Omdat Gods woord voor kindren is en zotten,
omdat het Christendom volkomen heeft gefaald?

Geloof het niet, wanneer ze je vertellen
dat God gestorven is of niet bestaat,
en dat ook Christus je teleur zal stellen,
en dat Zijn kerk weldra verloren gaat.

Op elke weg zul je de Heer ontmoeten
wanneer je werkelijk naar Hem verlangt.
Zoek overal de sporen van Zijn voeten:
Wie zoekt, die vindt. – Wie bidden blijft, ontvangt!

Avondmaal

Leg Heer, Uw hand op mijn gevouwen handen
en buig U vol van liefde over mij;
Ontsteek Uw vuur in mij en laat het branden,
opdat 'k een bron van licht en warmte zij.
Toon mij het teken van Uw diepe wonden
wanneer ik U herken in 't breken van het brood;
Denk aan Uw liefde, denk niet aan mijn zonden,
en wees voortaan mijn gast, mijn disgenoot.
Reik mij de beker, ook al zult Gij weten
dat ik U in mijn angst verloochnen zal,
en dat ik mijn belofte zal vergeten
dat ik U zeker nooit verlaten zal.
Blijf bij mij, Heer, de avond is gekomen,
kom in mijn huis en sluit de deuren dicht:
want Gij alleen kunt mij doen veilig wonen,
en waar Gij zijt is zelfs de nacht nog licht.

[II]

En in sterven . . .

Meer dan een moeder troost...

Stil maar, Mijn kind – Ik weet van je verdriet.
Huil nu maar uit; je hoeft niet flink te wezen.
Het zal wel duren, voor je wonden zijn genezen;
Ik weet het. Droeg Ik al de smart der wereld niet?

Stil maar, Mijn kind – Ik weet wat je behoeft:
Woorden van troost, die om geen uitleg vragen,
een arm die steunt en die je last helpt dragen,
een hart dat mee-schreit om wat jou bedroeft.

Stil maar, Mijn kind – de nacht gaat weer voorbij;
Ik strooi het licht uit, waar je voeten lopen,
Ik doe de dichte deur weer voor je open,
Ik ben er altijd. Maar vertrouw op Mij.

Stil maar, Mijn kind – Ik geef je troost en moed,
meer dan een moeder aan haar kind kan geven.
Je naam staat in Mijn handpalmen geschreven:
Ik schreef de letters met Mijn eigen bloed...

Vader

Wat vreemd, dat u er niet zult wezen
wanneer ik weer naar huis zal gaan.
U zult niet in de kamer staan
en mij omhelzen, als vóór dezen.

'k Zal nooit meer, als u zat te slapen
boven een boek, boven een krant,
het blad, dat glipte uit uw hand
glimlachend van de grond oprapen.

'k Zal nooit uw ,,Goede nacht" meer horen,
of het gestommel op de trap,
wanneer uw trage, moede stap
de morgenstilte kwam verstoren.

Nooit zult u door de tuin meer lopen,
waar iedre bloem en iedre plant
getuigde van uw zorgende hand.
– Nu ging de hemeltuin u open. –

O, die vertrouwde, kleine dingen,
die u zo onopvallend deed,
die zal ik missen, tot dit leed
verstild is tot herinneringen.

Herinnering aan mijn vader

Je hebt je strijd alleen gestreden
lief, dapper vadertje van mij.
Wie weet, hoe vaak je hebt gebeden:
,,Heer, wees uw eenzaam kind nabij!"
Je was gesloten, en je woorden
verrieden zelden, wat je dacht.
Wij vonden, dat het bij je hóórde;
Maar hebben wij wel ooit getracht
je eenzaam hart wat te verwarmen?
Of bleef je alléén, door onze schuld?
Heeft God toen, in Zijn groot erbarmen
onze tekorten aangevuld?
Pas toen we zelf wat ouder werden
en geen vóóroordelen ons meer
de toegang tot je hart versperden,
kwam je ons nader, ied're keer.
En nu mocht je bij Jezus komen.
Je levenskaars is stil gedoofd.
Zo werd je van ons weggenomen
zonder veel pijn. – God zij geloofd. –

Toen je het wist...

Wat moet ik doen? Wat moet ik je nu zeggen?
Al wat ik zeggen kan klinkt zo goedkoop:
dat 'k mijn gebeden voor Gods troon zal leggen,
dat je vertrouwen moet, op hoop zelfs tegen hoop?
Maar 't is onmogelijk, dat ik me in kan denken
hoe jij je voelt, hoe jij je leven ziet;
onmogelijk, om woorden te bedenken
die kunnen helpen. – Nee, ik kàn het niet.
Ik weet alleen, dat jij de lijn moet grijpen
(en dat geldt net zo goed voor jou als mij)
die God je toegooit als de nood gaat nijpen.
Denk aan wat Jezus vóór Zijn lijden zei:
„Uw hart zij niet ontroerd, wees niet verslagen,
Geloof in God, in Mij, Die je bevrijd.
Want wie zijn kruis achter Mij aan wil dragen
zal met Mij leven tot in eeuwigheid!"

In memoriam voor een vriend

Rust nu maar uit – je hebt je strijd gestreden.
Je hebt het als een moedig man gedaan.
Wie kan begrijpen, wat je hebt geleden?
En wie kan voelen, wat je hebt doorstaan?
Rust nu maar uit – je taak is af gekomen;
vandaag heeft God de kroon op 't werk gezet
dat je eenmaal in Zijn kracht hebt ondernomen.
De zin was af. God heeft een punt gezet.
Maar 't valt ons moeilijk om de zin te vatten
van 't zwijgen van je laatste harteklop.
Misschien alleen maar dit: De afgematten
en moeden varen als met arendsvleuglen op...

(Jesaja 40 : 31)

Jezus weende

Ik vind geen woorden om het je te zeggen
hoe wij hem zullen missen, allemaal.
Het diepst gevoel is moeilijk uit te leggen,
het hart spreekt een niet uit te spreken taal.
Dit sterven is zo moeilijk te verwerken,
zijn léven was ons allen zoveel waard.
Hij was een van die stille, geestlijk-sterken
die iedereen, alleen zichzelf niet spaart.
Ik vind geen woorden om je troost te brengen,
want hier zwijgt mijn verstand, mijn mond staat stil.
Wie kan zijn leven met één dag verlengen?
Het is precies zo lang als God het wil.
Ik weet het niet, ik kan de zin niet vinden
van wat God met dit sterven heeft bedoeld.
Maar Jezus weende, toen de vriend die Hij beminde
gestorven was. Hij weet, wat je nu voelt.

De profundis

,,God" zeg ik, en alleen maar: ,,God".
Ik zeg het woord stil voor mij heen –
O God, wat voel ik mij alleen,
hoe komt mijn levensschip weer vlot?

,,God" zeg ik, en dat kleine woord
is als een kreet om hulp, om kracht.
Ik heb zó lang op U gewacht,
maar hebt U wel mijn stem gehoord?

,,God" zeg ik, en ik weet niet meer
wat ik U verder zeggen moet;
Uw naam is mijn gebed om moed,
maar ook mijn opstand, mijn verweer.

,,God" zeg ik, en alleen maar: ,,God".
Tot eindelijk, in een zachte wind,
Uw antwoord komt: ,,Mijn kind, Mijn kind",
en ik het uitsnik: ,,God, mìjn God!"

Voor wie verdrietig is

Mijn God, hoe kan een mens zó eenzaam zijn,
zo aan zijn eigen wanhoop vastgeketend,
zo zonder hoop of licht, en niets meer wetend
dan enkel dit: mijn hart doet pijn, doet pijn.

Mijn God, hoe kan een mens zo droevig zijn,
en zo vervuld van eindeloos verlangen
naar wie door niemand ooit is te vervangen,
die met ons 't brood brak, met ons dronk de wijn.

Mijn God, wie lijdt dit lijden werk'lijk méé?
Wie kan er in dezelfde diepte dalen?
De duivel met gelijke munt betalen?
– Eer dat ik u vergeet, Gethsémané. –

Het enige antwoord

Voor Marion

O nee, ik kan het je niet zeggen
waarom het lijkt, of God je niet verhoort;
Ik wil niet trachten, het je uit te leggen,
Ik kàn het niet: onmachtig is mijn woord.
Het is onmogelijk, je te verklaren
waarom de liefste mensen van ons gaan.
Je kunt je er wel blind op blijven staren,
maar raakt steeds verder van de Heer vandaan.
Ik weet het niet, waarom de mensen lijden,
waarom er zoveel pijn is en geweld,
waarom het je niet lukt, je te bevrijden
van wat je in een wurggreep houdt omkneld.
Ik heb geen ander antwoord op je vragen
dan dat je blindelings vertrouwen moet,
omdat de Heiland Zelf jouw last wil dragen.
Hij zorgt voor je, zoals een vader doet.
Misschien klinkt je dit alles afgesleten,
je zegt misschien: „Die troost is wel goedkoop."
Maar als ik dit niet wist, dan zou ik niets meer weten:
In leven en in dood is het mijn enige hoop.

[III]

. . .Zijn eigendom

Vrees niet

Wees niet bevreesd, wanneer de nacht gaat vallen,
Wees niet bevreesd, wanneer het donker wordt;
Hier is Mijn hand – wees maar niet bang te vallen:
Ik houd u vast, Mijn macht schiet nooit tekort.
Wees niet bevreesd, wanneer de golven stijgen
zodat het water tot de lippen komt;
Want met één wenk doe Ik de winden zwijgen
en zee en aarde liggen als verstomd.
Wees niet bevreesd, wanneer uw krachten mind'ren:
want in uw zwakheid wordt Mijn kracht volbracht.
Ik heb véél werk te doen, ook voor Mijn zwakke kind'ren.
En àlles kunt ge, als ge Mij verwacht.
Wees niet bevreesd, want Ik zal voor u zorgen.
Denk aan de leliën, de mussen die Ik voed.
Ik ben de God van heden en van morgen,
de God, Die leeft en Die u leven doet!

Als Petrus

U liep over het meer. De golven sloegen
tegen de wanden van de smalle boot.
En Petrus zag, hoe ze Uw voeten droegen;
hij vreesde zeer – want rondom was de dood.
Toen hoorde hij U roepen over 't water:
,,Ik ben het zelf, de Heer; wees niet bevreesd."
Toen was hij niet meer bang, want wie vergaat er
wanneer de Heer vlak bij hem is geweest?
En vol vertrouwen zette hij zijn voeten
op het bewogen, donk're waterpad;
verlangend om zijn Meester te ontmoeten
Die hem heel duidelijk geroepen had.
Maar toen hij om zich heen keek, naar de golven,
en hoorde naar het loeien van de wind,
en door het kolkend water werd bedolven,
toen klonk zijn schreeuw, als van een angstig kind:
,,Heer, help mij, ik verga!" Uit zijn benauwen
trokken Uw sterke handen hem omhoog.
,,Wat klein was je geloof en je vertrouwen!"
Meer zei U niet. Maar droevig was Uw oog.

Ik ben als Petrus. – Ook ik durf niet hopen
dat zelfs de golven worden tot een pad
waar ik wel over heen zou kunnen lopen
wanneer ik maar wat meer vertrouwen had.
Als dan het water mij omlaag wil trekken,
Heer Jezus, red mij! Grijp mij bij de hand,
opdat de golven mij niet overdekken,
en breng mij veilig naar de overkant.

Terwille van Hem

Een Avondmaalslied
(2 Sam. 9 : 1)

Kom, Mefiboseth, eet hier met mijn zonen;
al heb je zelf mijn liefde niet verdiend,
ik wil weldadigheid en trouw betonen
aan het geslacht van Jonathan, mijn vriend.
Hoor, Mefiboseth, dan zal ik vertellen
hoe dapper en hoe goed je vader was;
hoe hij mij altijd wilde vergezellen,
hoe ik hem liever dan zijn vader was.
Daarom heb ik mijn knechten laten vragen:
,,Is er nog iemand van 't geslacht van Jonathan
op wie 'k mijn liefde en zorg kan overdragen,
die ik weldadigheid en trouw bewijzen kan?"
Weet, Mefiboseth, jij bent mij het teken
van liefde voor mijn vroeggestorven vriend.
Alleen om hèm zal 't jou aan niets ontbreken,
alleen om hèm heb je mijn trouw verdiend."...

Ik weet het, Heer, Gij neemt mij in Uw hoede,
en noodt mij aan Uw tafel, niet als vreemdeling
maar als een prins van koninklijken bloede,
omdat Uw Zoon voor mij de dood inging.
Wanneer ik aan Uw tafel ben gezeten
dan weet ik, dat Gij enkel denkt aan Hem
die Gij zó liefhebt als geen mens kan weten;
en vol verwondering hoor ik Uw stem:
,,Is er nog iemand onder Adams zonen
die Ik, om Jezus' wil, Mijn trouw kan tonen?"

De verloren zoon

Dit mag ik als een diepe vreugde weten:
God heeft mij lief! Hij heeft op mij gewacht;
Ik hoef geen varkensvoeder meer te eten.
Zó blij is Vader, dat hij huilt en lacht.
Zó blij is hij, dat hij geen woord kan zeggen,
dat hij alleen mijn vuile handen neemt
om daar de sleutel van zijn woning in te leggen;
Ik ben weer thuis! Ik ben niet meer ontheemd!
Hij heeft aan mij een gouden ring gegeven,
hij heeft een sneeuwwit kleed mij omgedaan,
ik mocht niet zeggen, wat ik had misdreven,
ik mocht als kind het huis weer binnengaan.
Mijn oudste broer is boos, verbitterd weggelopen,
(wie bitter is, gaat elke vreugd voorbij)
maar Vader zei: ,,Laat toch zijn plaats maar open:
Mijn oudste zoon hoort even goed bij Mij!"

Speciaal voor jou

Wees niet wanhopig, als de hemel lijkt gesloten,
als je van ieder mens verlaten bent,
als je je hoofd zó dikwijls hebt gestoten
dat je geen blijdschap en geen vreugd meer kent,
als je verward bent in de leugen, het bedrog:
God is er toch? God is er toch?

Denk aan je doop. Toen heeft de Heer gesproken:
,,Je bent Mijn kind. En of je wilt of niet,
al heb je elke dag je woord gebroken,
toch breek Ik Mijn belofte aan jou niet.
Ik zei het tóen, Ik zeg het nu en nòg:
Ik ben er toch? Ik ben er toch?

Voel op je voorhoofd: daar brandt nog het water
dat teken was van Mijn verbond met jou.
Dat gold voor tóen, dat geldt voor nu, voor later,
al ben jij ontrouw, eeuwig is Mijn trouw.
Denk niet wanhopig: ,,God, wat moet ik nog?"
Ik ben er toch? Ik ben er toch?

Ik ben er altijd. Maar je moet Mij zoeken,
Ik zal je horen, vóór je roept tot Mij;
Maar róep dan ook. Al lijkt je bidden vloeken,
Ik hoor je stem. Ik kom en maak je vrij.
Al is er niets, dat in je voordeel pleit
Mijn kind, Ik ben er toch. Voor jou. Altijd."

Bekering

Jezus zei: „Iemand heeft Mij aangeraakt"
(Lukas 8 : 46)

Ja Heer, 't is waar, ik heb U aangeraakt!
Ik heb geen andere uitweg meer geweten.
Het geeft niet meer, of iedereen mij laakt:
zo lang reeds werd ik voor onrein versleten.

Ik raak alleen van achteren Uw kleed,
ik durf niet eens naar voren meer te komen;
U kunt mij helpen – dat is al wat 'k weet
Uw wondre kracht moet door mijn lichaam stromen.

En spreekt Gij nu van mijn geloof, mijn Heer?
Wilt Gij mijn schuchter bidden tòch verhoren?
Dan vrees ik ook geen mensenoordeel meer:
Ik ben gered! Ik ben opnieuw geboren!

Examen

Gij zat áchter de tafel, Heer, ik zat er bevend vóór;
Ik moest bekennen: 'k had veel harder kunnen werken,
Gij zoudt het na het eerste antwoord zeker merken,
Ik vreesde voor het resultaat – ik kwam er vást niet door!

En naast U aan de tafel schreef Uw Zoon het protocol;
Ik moest op zoveel vragen 't antwoord schuldig blijven,
En groter werd mijn angst, terwijl Hij zat te schrijven:
Want er stond haast geen enk'le plus –
van minnen stond het vol!

En toen ik wachtte op de uitslag wist ik: – 't is niet goed –
Maar Jezus riep mij binnen – 'k voelde d'adem stokken:
Ik was geslaagd! Niet door mijn eigen harde blokken:
Hij maakte van de minnen kruisjes met Zijn rode bloed. –

Afscheid

Ik dank U Heer, voor al het goede – het was véél,
Ik dank U voor het brood van mijn bescheiden deel
en voor Uw kracht, die in mijn zwakheid werd volbracht;
Ik dank U voor het licht in elke donkre nacht;
Ik dank U voor de vriendschap die ik ondervond,
Ik dank U, dat U mij juist met Uw boodschap zond.
Dank voor Uw liefde, die ik overal ontving,
Voor al Uw goedheid, Vader, ben ik te gering.
Ik dank U voor dit leven – het is goed geweest.
Maar boven alles dank ik voor Uw Heilige Geest.
Gij weet van al mijn zonden en Gij weet van mijn berouw:
Ik voel mij klein en nietig. – Here Jezus, kom maar gauw!

Inhoud